BEI GRIN MACHT SICH IHR WISSEN BEZAHLT

- Wir veröffentlichen Ihre Hausarbeit, Bachelor- und Masterarbeit

- Ihr eigenes eBook und Buch - weltweit in allen wichtigen Shops

- Verdienen Sie an jedem Verkauf

Jetzt bei www.GRIN.com hochladen und kostenlos publizieren

Bibliografische Information der Deutschen Nationalbibliothek:

Die Deutsche Bibliothek verzeichnet diese Publikation in der Deutschen National-
bibliografie; detaillierte bibliografische Daten sind im Internet über http://dnb.d-
nb.de/ abrufbar.

Impressum:

Copyright © 2020 GRIN Verlag
Druck und Bindung: Books on Demand GmbH, Norderstedt Germany
ISBN: 9783346205261

Dieses Buch bei GRIN:

https://www.grin.com/document/902630

Anonym

Freier Außenhandel, Marktwirtschaft und Zentralver-
waltungswirtschaft, funktionsweise des Arbeitsmarkts

GRIN Verlag

Einsendeaufgabe

Modul: Allgemeine Volkswirtschaftslehre

Alternative B

Abgesandt am 14.06.2020

Modulverantwortlicher Hochschullehrer:

SRH Fernhochschule

Studiengang: Betriebswirtschaft und Management

Inhaltsverzeichnis

Abkürzungsverzeichnis

Aufl.	Auflage
bzw.	beziehungsweise
dt.	deutsch
o.J.	ohne Jahr
o.V.	ohne Verfasser
z.B.	zum Beispiel

Abbildungsverzeichnis

Tabellenverzeichnis

Aufgabe 1

Im Gegensatz zum Binnenhandel sind im Außenhandel „staatliche Grenzen überschreitende Handelsbeziehungen"[1] als Merkmal definiert. Dabei kommt es zum Export (Warenausfuhr) und zum Import (Wareneinfuhr) zwischen Ländern. Unter einem freien Außenhandel versteht man als Ergänzung dazu eine Verringerung von Handelshemmnissen und dadurch einen Verzicht von staatlichen Eingriffen.[2] Jedoch ist das in der Realität nicht wirklich so vorhanden, denn solche Hemmnisse kommen oft in Volkswirtschaften vor. Im Folgenden werden Gründe für und gegen einen freien Außenhandel genauer dargestellt.

Außenhandel kommt dann zustande, wenn man sich dabei Arbeit und Zeit spart, also wenn sich Kostenvorteile ergeben. Die Ursachen liegen in natürlichen und/oder in technologischen Faktoren. Manche Länder können aufgrund ihrer geographischen Lage z.B. Wein besser herstellen als andere, welche wiederum beispielsweise Tücher durch bessere Maschinen, Ausbildung oder Produktivität der Arbeiter schneller und effektiver herstellen können. Nicht nur Lebensmittel oder technische Mittel sind Ursachen für Kostenvorteile, sondern auch das Vorkommen von Rohstoffen, wie z.B. Erdöl.[3]

Für ein Land, das z.B. rohstoffarm ist, ist es durchaus sinnvoll mit einem anderen Land, das über viele Rohstoffe verfügt, Handel zu treiben, denn beide Seiten ziehen einen Vorteil daraus: Das eine Land würde dann über mehr Rohstoffe verfügen und das andere an Kapital. Diese „Theorie" beschreibt den absoluten Kostenvorteil, bei der wichtig ist, dass jedes Land diejenigen Güter produziert, die einen absoluten Kostenvorteil mit sich bringen.[4] Ein Beispiel: Portugal und England produzieren jeweils Wein und Tücher.

	Kosten (Arbeitskosteneinheiten für die Herstellung einer Einheit)		Summe
	Wein	Tuch	
Portugal	80	90	170
England	120	100	220

Tabelle 1: Arbeitskosteneinheiten von Portugal und England, ohne Spezialisierung. (Quelle: Schenk/Schanz/Koch (2018), S. 106)

---

[1] *Büter* (2013), S. 1-2
[2] Vgl. *Büter* (2013), S. 15
[3] Vgl. *Schenk/Schanz/Koch* (2018), S.106-107
[4] Vgl. *Rechnungswesen-verstehen* (2019)

Aus der Tabelle ist zu erkennen, dass Portugal 170 Arbeitskosteneinheiten benötigt, um eine Einheit Wein und eine Einheit Tuch herstellen zu können, England benötigt dafür 220 Arbeitskosteneinheiten. Portugal braucht also weniger Arbeitskosteneinheiten, als England und stellt somit auch beide Produkte günstiger her. Dennoch lohnt es sich für Portugal sowie England, sich auf ein Gut zu spezialisieren, damit noch schneller und effektiver produziert werden kann. Dies veranschaulicht die folgende Tabelle:

	Kosten (Arbeitskosteneinheiten für die Herstellung einer Einheit)		Summe
	Wein	Tuch	
Portugal	160	-	160
England	-	200	200

Tabelle 2: Arbeitskosteneinheiten von Portugal und England, mit Spezialisierung. (Quelle: Schenk/Schanz/Koch (2018), S. 106)

Durch die Spezialisierung von Portugal auf Wein und England auf Tücher ergibt sich für Portugal ein Kostenvorteil von 10 Arbeitskosteneinheiten und für England 20 Arbeitskosteneinheiten. Somit exportiert Portugal den Wein nach England und importiert Tücher aus England.[5]

Dieser Vorgang beschreibt den komparativen Kostenvorteil, welcher eine Ergänzung des absoluten Kostenvorteils ist. Er besagt, dass sich ein Land auf ein Gut beschränken soll, aus dem es einen absoluten Kostenvorteil ziehen kann – somit kann es für das Land effektiver und schneller hergestellt werden, da es ein anderes Produkt aus einem anderen Land importiert, das dieselbe Strategie nutzt. Es ergibt sich also ein beidseitiger Kostenvorteil.[6]

Der absolute Kostenvorteil, welcher aber in der Realität so gut wie nicht umsetzbar ist, gibt vor, dass in „der Arbeitsteilung keine Handelshemmnisse vorliegen."[7]. Handelshemmnisse bzw. Handelsbeschränkungen kann man unter folgende zwei Kategorien gliedern: Importbeschränkungen und Exportförderungen. Bei Importbeschränkungen unterscheidet man zwischen tarifären und nicht tarifären Handelshemmnissen, wobei zu tarifären Hindernissen beispielsweise Zölle zählen.[8] Importzölle sind für das Land gut, das exportiert, da es damit einen höheren Gewinn erzielt und so der Staat Einnahmen gewinnt, aber für Haushalte, die die Produkte kaufen,

---

[5] Vgl. *Schenk/Schanz/Koch* (2018), S.106-107
[6] Vgl. *Rechnungswesen-verstehen* (2019)
[7] *Rechnungswesen-verstehen* (2019)
[8] Vgl. *Büter* (2013), S. 15

ist der Preis viel höher, als ohne Zoll und folglich fragen diese dementsprechend weniger nach. Durch den erhöhten Marktpreis profitieren also regionale Produzenten, da diese mehr Waren aus eigener Herstellung verkaufen können.

Unter dem nicht tarifären Handelshemmnis Importquoten versteht man „eine staatliche verordnete Obergrenze auf die Menge eines zu importierenden Guts, die unterhalb der Importmenge liegt, die bei einem freien Handel erreicht würde."[9]. Je höher die Quote ist, desto abhängiger wird der Warenhandel vom Ausland.[10] Daher konsumieren Haushalte erstmal die Importmenge zum Weltmarktpreis, danach die einheimischen Produzenten.

Die dritte Handelsbeschränkung, die auch zu den nicht tarifären Handelshemmnissen zählt, kann man wie folgt zusammenfassen: Nicht nur Mindestvorschriften, sondern auch Qualitätsstandards können dafür sorgen, dass bestimmte Güter nicht importiert werden, welche oft fordern, dass Güter ein vorgegebenes Niveau besitzen, technische Eigenschaften oder bestimmte Arbeitsbedingungen vorliegen. Durch hohe Standards sollen weniger Produkte importiert werden.[11] Zu weiteren nicht tarifären Handelshemmnissen zählen auch „behördliche Prozeduren und Dokumentierungsrichtlinien"[12] sowie Wechselkursbestimmungen, die die Preise der Importe erhöhen und somit die Wettbewerbsfähigkeit ausländischer Güter senkt. Zusammenfassend kann man also sagen, dass alle nicht tarifären Handelshemmnisse Importe verteuern.[13]

Indem man den Export fördert, kann ein Land ebenfalls in den freien Außenhandel eingreifen. Dies kann durch Dumping oder Subventionierung geschehen. Unter Dumping versteht man den „Verkauf von Waren im Export zu niedrigeren Preisen als im Inlandsmarkt"[14]. Bei Exportsubventionen können Unternehmen ihre Standorte in ein anderes Land verlagern, wie z.B. Firmen in der Landwirtschaft oder in der Textilindustrie.[15] Dadurch werden nationale Produzenten gefördert und gleichzeitig vor ausländischer Konkurrenz geschützt und können somit sich in ihrer Branche entfalten, sodass es zum Wirtschaftswachstum kommen kann.[16] Zudem wird die Qualität der

[9] *Schenk/Schanz/Koch* (2018), S.108
[10] Vgl. *Wirtschaftslexikon* (2018)
[11] Vgl. *Schenk/Schanz/Koch* (2018), S.108
[12] *Schenk/Schanz/Koch* (2018), S.108
[13] Vgl. *Schenk/Schanz/Koch* (2018), S.108
[14] *Wirtschaftslexikon* (o.J.)
[15] *Büter* (2013), S. 16
[16] *Schenk/Schanz/Koch* (2018), S.107

Produkte verbessert und Verbraucherpreise sinken.[17] Gerade für Schwellen- und Entwicklungsländer ist das eine Chance, am Welthandel teilnehmen zu können.[18]

Der eigentliche Grund für die Handelshemmnisse ist der sogenannte Protektionismus, der darauf abzielt, Importe zu reduzieren. Solche Beschränkungen sind wichtig für die Entwicklung der Industrien von Entwicklungs- und Schwellenländern, da diese Industrien erst entstehen und diese auf einheimische Produktion setzen, „was der Industrie im Land zu Skaleneffekten und Kostensenkungen bei der Produktion verhilft."[19]. Sobald die einheimischen Hersteller in einem Bereich genügend gewachsen sind, sollen sie Importe aus Industrieländern gegen ihre Produktion ersetzen. Das Problem hierbei ist aber, dass bis zu den Importen einheimische Konsumenten weniger Auswahl haben und einen höheren Preis für nationale Güter zahlen. Aus der Sicht der Industrieländer schützen diese Beschränkungen vor billigen Importen aus der dritten Welt, in der das Einkommen und die Lebensqualität niedriger sind. Dadurch wird wieder die nationale Produktion gefragt und Konsumenten haben weniger Produktauswahl und zahlen höhere Preise.[20]

Das eigene Land vor ausländischer Konkurrenz zu schützen ist nur kurzfristig von Wirkung, denn auf lange Zeit gesehen, dominieren die Vorteile eines freieren Außenhandels.[21]

Abschließend kann man sagen, dass durch einen freien Außenhandel das Wirtschaftswachstum angetrieben wird, Handelshindernisse zur wirtschaftlichen Entfaltung abgeschafft werden, Exporteinnahmen steigen und dass die Verbraucher eine größere Auswahl von Güter haben. All das spiegelt sich in sogenannten Freihandelsabkommen wider, die darauf abzielen, den Handel zwischen Ländern zu vereinfachen – durch effektivere und schnellere Arbeit.[22]

---

[17] Vgl. *fdcl* (2018)
[18] Vgl. *Schenk/Schanz/Koch* (2018), S.107
[19] *Schenk/Schanz/Koch* (2018), S.107
[20] Vgl. *Schenk/Schanz/Koch* (2018), S.107
[21] Vgl. *Büter* (2013), S. 17
[22] Vgl. *Rechnungswesen-verstehen* (2019)

Aufgabe 2

Zur heutigen Zeit gibt es einige verschiedene Wirtschaftssysteme, darunter die freie Marktwirtschaft und die Zentralverwaltungswirtschaft, auch bekannt als Planwirtschaft. Im Folgenden werden beide Wirtschaftssysteme genauer beschrieben und zudem erklärt, warum sich Zentralverwaltungswirtschaften in den meisten Ländern nicht durchgesetzt haben.

Zu den Charakteristika der freien Marktwirtschaft im Sinne der Klassik zählen die Gedanken des klassischen Liberalismus[23], der wie folgt gekennzeichnet wird: Meinungsfreiheit, für alle gleiche Gesetze und „Privateigentum an den Produktionsmitteln."[24]. Dabei ist aber auch die menschliche Freiheit von enormer Bedeutung, da in dieser klassischen Nationalökonomie die persönlichen Interessen verfolgt werden sollen und somit ein steigender Wohlstand des Volkes erreicht werden kann. Nach Adam Smith, der ein wichtiger Ökonom war und mit seinem Werk „Der Wohlstand der Nationen" die Nationalökonomie erklärte, verfolgt jedes Individuum seine eigenen Interessen, wobei eine unsichtbare Hand den „egoistischen Handelnden dazu führe, unbewusst gleichzeitig das zu tun, was für die Allgemeinheit am besten sei."[25]. Einfach gesagt, stellen z.B. Bäcker Produkte nicht her, damit es getan ist, sondern aus Eigenliebe, um einen maximalen Profit daraus ziehen zu können. Dieser Eigenantrieb fördert das persönliche Einkommen sowie die Versorgung der Nation, also den Wohlstand der Allgemeinheit. Dieses Geschehen beschreibt die unsichtbare Hand. [26]

Jedes Individuum nimmt automatisch am Wirtschaftsleben teil, dabei werden die Ressourcen auf dem Markt, wie durch eine „unsichtbare Hand" in die richtige Richtung gelenkt, wodurch die Produktivität der Wirtschaft gesteigert werden kann. In dieser Allokation gibt es aber bestimmte Voraussetzungen: Arbeitsteilung, Preise und Werte und die Rolle des Staats.

Durch Arbeitsteilung sowie Spezialisierung kann die Quantität der Güter erhöht werden, da nach dem Motto „(j)eder tut, das was er am besten kann, und setzt es ein, um zu bekommen, was andere besser können. So spart jeder Arbeit [...] und erhöht seinen

---

[23] Vgl. *Schenk/Schanz/Koch* (2018), S. 26
[24] *Wirtschaftslexikon24*, (2020)
[25] *Schenk/Schanz/Koch* (2018), S. 28
[26] Vgl. *Mudrack* (2008), S. 5

Nutzen.“[27]. Bei der Preis- und Werttheorie bei Smith ist der Wert eines Produktes abhängig vom Preis der Herstellung und von dessen Nutzen (= Gebrauchswert), wobei die Produktionskosten sich aus Arbeit, Kapital sowie Boden zusammensetzen. Der Marktpreis entscheidet dann, ob und wie viel hergestellt wird und dauerhaft werden folglich nur Güter hergestellt, „die einen den Herstellungskosten deckenden Marktpreis erzielen.“[28]. An dieser Stelle muss man zwischen Marktpreisen und „natürlichem“ Preis, so wie es Smith tat, unterscheiden. Der Marktpreis ergibt sich aus Angebot und Nachfrage und der natürliche Preis beinhaltet die Herstellungskosten, den Gewinn und die Entlohnung. Sobald der Marktpreis über dem natürlichem Preis liegt, ist es für Unternehmen durchaus sinnvoll, ihre Produktion zu steigern, um schlussendlich den Gewinn zu maximieren. Wenn der Marktpreis unter dem natürlichen Preis liegt und zu viele Firmen dieselben Güter anbieten, gibt es ein Angebotsüberschuss und laut Smith werden dann viele Unternehmer den Markt verlassen, „bis das Angebot wieder der Nachfrage entspricht.“[29]. Daraus ergibt sich, dass der Markt bestimmt, was in welcher Menge hergestellt werden soll und ebenso, dass das Phänomen der „unsichtbaren Hand“ anschaulicher dargestellt werden kann.[30] Die dritte Voraussetzung besagt, dass der Staat lediglich die Aufgabe hat, für Ordnung und Schutz zu sorgen, um eine freie Marktwirtschaft gewähren zu können, also nach dem sogenannten „Laisser-faire“-Prinzip (dt. machen lassen) zu handeln. Zudem ist er zuständig für „Verwaltung, Rechtsordnung, Sicherheit, Verkehrswesen, Ausbildung und Gesundheit.“[31]. Der Staat soll nur dann eingreifen, wo der Markt instabil ist, z.B. bei der Gefahr, dass sich Monopole bilden.[32] Nach Smith ist so ein System die Voraussetzung, um nach eigenen Interessen zu handeln, wie z.B. die freie Berufswahl.[33]

Eine Alternative zur Marktwirtschaft, die aber heute nur noch als theoretische Möglichkeit gilt, ist die Zentralverwaltungswirtschaft. Wie der Name schon verrät, geht es in dieser Wirtschaft um die Zentralisierung der Verwaltung von Produktion und Konsum, wobei eine Zentralinstanz die Güterallokation plant und diese verbindlich an Betriebe weitergibt.[34] Zentrale Organe versuchen also das Handeln der Produzenten und

---

[27] *Ballestrem* (2001), S. 136
[28] *Mudrack* (2008), S. 6
[29] *Mudrack* (2008), S. 6
[30] Vgl. *Mudrack* (2008), S. 5
[31] *Schenk/Schanz/Koch* (2018), S. 27
[32] Vgl. *Mudrack* (2008), S. 7
[33] Vgl. *Schenk/Schanz/Koch* (2018), S. 27
[34] Vgl. *Schenk/Schanz/Koch* (2018), S. 30

Konsumenten von Anfang an festzusetzen, um bestimmen zu können, was die Konsumenten verbrauchen.[35] Damit das funktioniert, sind die Produktionsmittel Staatseigentum und die Produktion wird zentral gesteuert. Dabei spielt die Nachfrage aber ebenso wenig eine Rolle, wie das Bedürfnis von Produzenten zu ex- und importieren, denn es wird produziert, sodass die Hersteller den höchsten Profit hervorbringen und nicht nach dem Verlangen der Haushalte. Nicht nur das, sondern auch die Preise von Gütern, dessen Verteilung und der Lohn wird zentral bestimmt.[36] Zuletzt schränkt die Zentralisierung persönliche Freiheiten ein, indem sie z.B. über die Berufswahl von Individuen entscheidet.[37]

In der Realität ist diese Wirtschaftsform aber schwer umzusetzen, da es nahezu unmöglich ist, für Millionen von Produkten einzelne Preise festzulegen. Zudem müsste man über alle Produktionsfaktoren, Bedürfnisse und technische Mittel Kenntnis haben, doch moderne Wirtschaften sind sehr komplex, sodass eine Zentralisierung gravierende Mängel hervorbringen kann, wie beispielsweise durch eine unzureichende Koordination und durch zentrale Anweisungen fehlt Motivation, Leistungsbereitschaft sowie Initiative. Dadurch kann weniger innovativ hergestellt werden und die Versorgung von bestimmten Gütern könnte knapp werden, sodass weniger Gewinn erzielt werden kann. All das kann zum Zusammenbruch einer Zentralverwaltungswirtschaft führen. Nicht nur die eben genannten Gründe können für das Scheitern dieser Wirtschaft sorgen, sondern auch der Kapitalismus des 19. Jahrhunderts selbst. Nach der Kritik von Marx bekommen die Eigentümer der Produktionsmittel einen höheren Gewinn durch die Mehrarbeit der Arbeiter, die nicht nach Nachfrage produzieren, sondern durch die Verwaltungszentrale. Das Problem hierbei ist, dass dies größere Unternehmen verstärkt und diese dann kleinere vom Markt verdrängen könnten, folglich kommt es zu einer Kapitalzentralisierung der Produktionsmittelbesitzer (=Kapitalisten) und demnach kommt „ein beschleunigter technischer Fortschritt mit zunehmender Freisetzung von Arbeitskräften, der zu einer Vernichtung des Mittelstandes führt, wodurch eine Polarisierung der Gesellschaft und stärkere Klassenkonflikte folgen"[38], zusammen. Zudem verschlechtert das Privateigentum an Produktionsmitteln die Wirtschaft und als Folge sind dabei

---

[35] Vgl. *Klett* (2004)
[36] Vgl. *Klett* (2004); Vgl. *Schenk/Schanz/Koch* (2018), S. 31
[37] Vgl. *Schenk/Schanz/Koch* (2018), S. 30
[38] *Schenk/Schanz/Koch* (2018), S. 31

Wirtschaftskrisen möglich sowie schlussendlich ein kompletter Zusammenbruch einer Zentralverwaltungswirtschaft.[39]

Durch Mangel am technologischen Fortschritt kann sich so eine Wirtschaft nicht im internationalen Handel behaupten und wegen großen Schwierigkeiten in der Wirtschaft öffnen sich auch Länder, die an der Zentralverwaltungswirtschaft hingen, dem Markt.[40] Ein Beispiel dazu ist Kuba. Die Planwirtschaft verlor 1991 ihren bedeutendsten Wirtschaftspartner, die Sowjetunion, und hielt sich an dieser Wirtschaftsform fest, jedoch litt die Bevölkerung sehr. „Bis heute ist die Grundversorgung mit Nahrungsmittel schlecht, Konsumgüter sind kaum erschwinglich. Die schlechte wirtschaftliche Lage zwang die Regierung zu Reformen, um die Grundversorgung der Bevölkerung zu sichern."[41]. Darunter zählen Reformen, wie die Duldung privater Kleinunternehmen, staatliche Genehmigung vom Kauf eines Autos oder die Abschaffung des doppelten Währungssystems.[42]

---

[39] Vgl. *Schenk/Schanz/Koch* (2018), S. 30-31
[40] Vgl. *Straburzynski* (2011), S. 12
[41] *Planetwissen* (2018)
[42] Vgl. *Planetwissen* (2018)

Aufgabe 3

„Die Gesamtheit aller Einrichtungen, Maschinen und Personen, die Angebot und Nachfrage generieren und regulieren"[43] ist eine Definition des Begriffes Wirtschaft. Die Frage hierbei ist nun, nach welchen Prinzipien agiert wird. Dazu gibt es verschiedene Theorien, wobei zwei davon im Folgenden anschaulich dargestellt werden.

Ob ein Individuum arbeiten gehen möchte, hängt im klassischen System von zwei verschiedenen Faktoren ab. Einmal wie wichtig Freizeit für die Person ist und wie hoch der Lohn ist. Je höher der Lohn, desto wahrscheinlicher ist man bereit dafür zu arbeiten. Andersherum formuliert: je mehr Freizeit gewünscht ist, desto weniger wird diese Person arbeiten wollen. Beide Argumente verfolgen das ökonomische Prinzip, bei dem man unter dem Minimal- und dem Maximalprinzip unterscheidet.[44] Man möchte also mit wenig Aufwand und somit mehr Freizeit viel Geld verdienen bzw. bei höheren Lohn ist man arbeitswilliger.[45]

Im klassischen System sind lediglich Löhne Ausgaben (=Kostenfaktor), dennoch können Zusatzkosten durch den Lohn von neueingestellten Mitarbeitern entstehen. Diese zusätzlichen Kosten werden als Grenzkosten bezeichnet. Eine Firma wird neue Mitarbeiter einstellen solange mehr Gewinn gemacht wird, als durch Lohnzahlungen ausgegeben wird. Diese Tatsache nennt man Grenzprodukt, welches immer positiv sein muss, ansonsten würde die Firma mit der Zeit bankrott laufen. Der gleiche Vorgang ist auch mit Ausgaben im Sinne von Neuanschaffungen von z.B. Maschinen möglich. Einfach gesagt muss man schauen, dass man mehr Gewinn als Verlust macht. Sollte man Verluste machen, so ist es wichtig, die zusätzlichen Kosten (Faktoreinsatz) so lange wie möglich auszudehnen, damit wieder ein Gleichgewicht hergestellt werden kann. Eine weitere Möglichkeit, einen Ausgleich zu schaffen, wäre die Entlassung von Mitarbeitern. Auch wenn weniger produziert wird, müssten die Löhne weitergezahlt werden und irgendwann würde man Verluste erzielen. Darum müssten Mitarbeiter entlassen werden. Anders gesagt, je mehr Lohn pro Arbeiter gezahlt wird, desto weniger neue Mitarbeiter werden folglich eingestellt.

---

[43] *Youtube* (2018)
[44] Vgl. *Schenk/Schanz* (2014), S. 35
[45] Vgl. *Schenk/Schanz/Koch* (2018), S. 38

Anschaulich dargestellt kann die klassische Arbeitsnachfragefunktion, wie folgt mit den Bezeichnungen I_r (Reallohnsatz), B_N (Beschäftigungsnachfrage) und B (Beschäftigung).

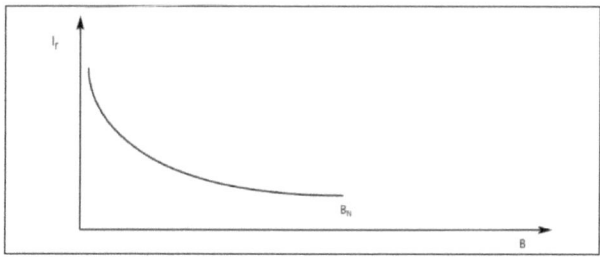

Abbildung 1: Klassische Arbeitsnachfragefunktion (Quelle: Schenk/Schanz (2014), S. 32)

Der entscheidende Unterschied zwischen dem klassischen und dem keynesianischen System ist, dass im keynesianischem System nicht der Lohn im Fokus steht, sondern der Absatz. Je mehr nachgefragt wird, desto mehr neue Mitarbeiter muss die Firma einstellen, um profitabel produzieren zu können. Das veranschaulicht folgende Abbildung:

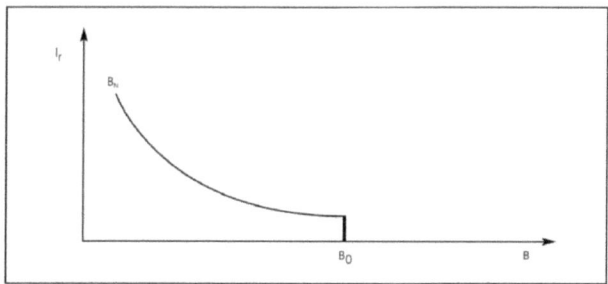

Abbildung 2: Keynesianische Arbeitsnachfragefunktion (Quelle: Schenk/Schanz (2014), S. 33)

Es werden also viele Mitarbeiter eingestellt, aber der Lohn verringert sich mit der Zeit, je mehr neue Mitarbeiter dazukommen, damit die Firma keine Verluste macht. Die Kurve kann aber nur bis zu einem bestimmten Punkt sinken, und zwar nur bis zum Mindestlohn, bei einer weiteren Verringerung würden Arbeiter das Unternehmen verlassen.

Zusammenfassend kann man sagen, dass entweder viele Mitarbeiter eingestellt werden, die Arbeitnehmer aber einen geringeren Lohn erhalten oder dass es weniger Arbeiter in der Firma gibt, diese aber dafür einen relativ hohen Lohnsatz bekommen.[46]

---

[46] Vgl. *Schenk/Schanz* (2014), S. 32-33, 36

Aus Abbildung 1 und der Tatsache, dass im klassischen System mehr Menschen mit hohem Lohn arbeiten gehen wollen, resultiert eine Gleichgewichtssituation, die aus folgender Abbildung abgelesen werden kann:

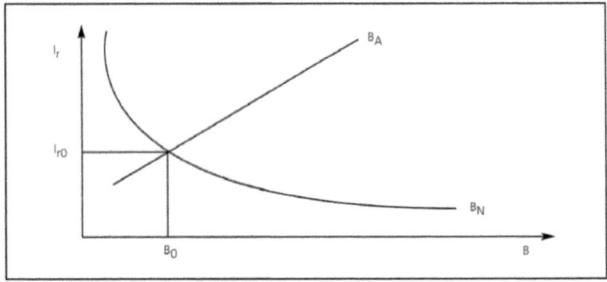

Abbildung 3: Gleichgewicht auf dem Arbeitsmarkt (Quelle: Schenk/Schanz (2014), S. 39)

Dieses Gleichgewicht besteht im Schnittpunkt B_A und B_N. Das ist dann derjenige Punkt, an dem bei „einem Reallohn I_{r0} (Reallohn im Punkt 0) das Arbeitsangebot B_A der Arbeitsnachfrage B_N entspricht."[47] Einfach gesagt ist der Arbeitsmarkt dann ausgeglichen, wenn durch den Reallohn genauso viel Arbeitsplätze vorhanden sind, wie nachgefragt werden. Bedingungen hierbei sind allerdings, dass es keine Arbeitslosigkeit gibt sowie dass der Reallohn variabel ist, „um Anpassungen [...] zu ermöglichen."[48]

Sobald aber der Faktor Arbeitslosigkeit beachtet wird, kann ein Ungleichgewicht auf dem Arbeitsmarkt herrschen, das mit folgender Abbildung deutlich gemacht werden kann:

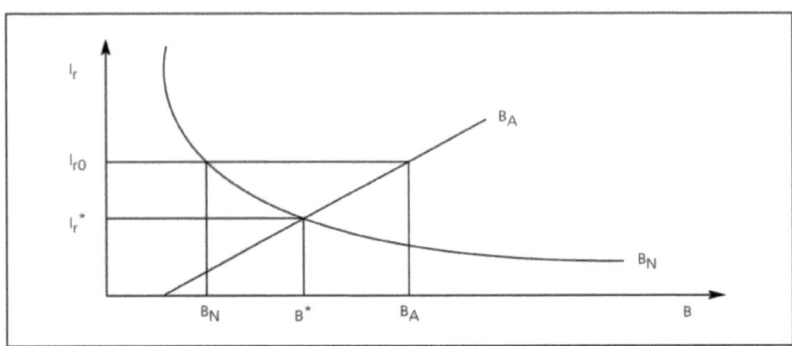

Abbildung 4: Arbeitsmarktungleichheit (Quelle: Schenk/Schanz (2014), S. 40)

---

[47] *Schenk/Schanz* (2014), S. 39
[48] *Schenk/Schanz* (2014), S. 39

Wenn das Arbeitsangebot über der Arbeitsnachfrage liegt, sprich wenn B_N in Abbildung 4 über der Funktion B_A liegt, dann entsteht Arbeitslosigkeit. Genau diese Tatsache ist das Ungleichgewicht auf dem Arbeitsmarkt. Um dem entgegenzuwirken, muss B_N auf B^* erhöht werden, B_A auf B^* reduziert werden genauso wie I_{r0} auf I_r^* im Modell. Im Schnittpunkt B^* und I_r^* kann also eine sogenannte Vollbeschäftigung erreicht werden.

Arbeitslosigkeit kann „nur dann von Dauer sein, wenn die Löhne nicht so flexibel sind, dass sie so weit sinken können, bis das Vollbeschäftigungsgleichgewicht erreicht ist."[49]. Einfach gesagt bleibt Arbeitslosigkeit nur dann bestehen, wenn zu hohe Löhne weitergezahlt werden und das Unternehmen folglich nur mit Entlassungen weiterhandeln kann. Sollte ein Unternehmen nicht in der Lage sein in dieser Hinsicht flexibel zu sein, liegt es daran, dass es das Gesetz oder Tarifverträge von Gewerkschaften und Arbeitgeberverbänden vorschreiben, welche auf einen flexiblen Arbeitsmarkt bestehen.

Im Gegensatz zum klassischen System kann die keynesianische Theorie eine andauernde Arbeitslosigkeit erklären. Sie zweifelt an dem idealen Schnittpunkt der Vollbeschäftigung aus Abbildung 4. Es wird immer eine Arbeitslosigkeit geben, da die „effektive Nachfrage eine Beschäftigung über B_{UB} hinaus nicht erlaubt und die Löhne nicht unter $I_{r,min}$ sinken."[50], denn irgendwann ist der Markt gesättigt und um keine Mitarbeiter zu verlieren, bleibt der Mindestlohn, hier $I_{r,min}$, bestehen. Das veranschaulicht folgende Abbildung, mit folgenden Abkürzungen: AL ist die Arbeitslosigkeit, B_{UB} ist Unterbeschäftigung und B_{VB} ist Vollbeschäftigung.

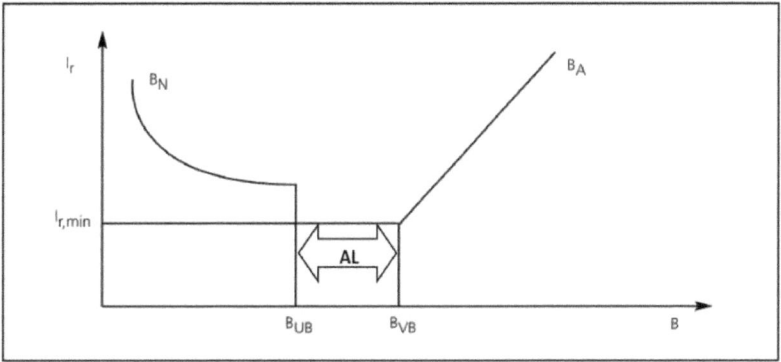

Abbildung 5: Keynesianischer Arbeitsmarkt (Quelle: Schenk/Schanz (2014), S. 41)

[49] *Schenk/Schanz* (2014), S. 40
[50] *Schenk/Schanz* (2014), S. 41

Im 19./20. Jahrhundert dominierte das klassische System, welches zu einer sogenannten Gleichgewichtssituation neigte. Die Arbeitslosigkeit war gering und es wurden zudem wirtschaftliche Nachfragebedürfnisse von Privathaushalten und Unternehmen mit dem vorhandenen Angebot koordiniert. In den 1920er und 1930er Jahren publizierte der Ökonom John Maynard Keynes 1936 „durch die Weltwirtschaftskrise die 'Allgemeine Theorie der Beschäftigung, des Zinses und des Geldes'"[51]. Er beobachtete einen Produktionsrückgang, somit einen Anstieg von Arbeitslosigkeit und einen weiteren Rückgang von Nachfrage und war der Meinung, dieses Geschehen erklären zu können. Keynes meinte, dass „eine aktive Steuerung der Nachfrage durch die Zinspolitik der Zentralbank, einen aktiven Staat mit hohen Staatsausgaben und eine Reduzierung der Einkommensungleichheit zur Stärkung der Massenkaufkraft"[52] nötig sind, um der Krise entgegenzuwirken. Das keynesianische System nahm nach dem 2. Weltkrieg überhand, aber in den 1970er Jahren wurde dieses System als ungeeignet angesehen und die klassische Denkrichtung trat wieder in Kraft. Anfang der 2000er Jahre verschwammen die Grenzen zwischen den beiden Systemen, wobei Ökonomen daher auch vom „Neuen Konsens der Makroökonomie"[53] sprachen. Durch die Weltwirtschaftskrise ab 2007 dominierte das keynesianische System wieder mit Ausgabenprogrammen auf die Krise. Heutzutage ist die klassische Denkweise besonders von der deutschen Regierung gefordert, aber dennoch ist keines von den beiden ökonomischen Systemen in der Bundesrepublik Deutschland „das Richtige". Da im Keynesianismus das Angebot durch die Nachfrage bestimmt wird und im klassischen System diese von der Regierung über die Zentralbank gesteuert wird, ist es in der Realität schwierig, eine der beiden Theorien umzusetzen, ohne die andere dabei ganz auszuschließen. Die „künstliche" Nachfrage nach Keynes, die dann eingreift, wenn die Wirtschaft schwächelt, verleiht dem Staat ein großes Machtpotenzial und kann somit die „echte" Nachfrage verdrängen, wobei wiederum dann die Preise steigen und die Kaufkraft einschränkt. Dagegen wenn lediglich die Zentralbank die Geldmenge steuert, kann eine Steuererhöhung stattfinden, wenn die Preise auf dem Markt zu niedrig sind. Zusammenfassend kann man sagen, dass beide Theorien nicht ausgereift sind, denn in der Bundesrepublik Deutschland kommen beide Theorien in der Realität zum Zuge.[54][55]

---

[51] *Bpb* (2020)
[52] *Bpb* (2020)
[53] *Bpb* (2020)
[54] Vgl. *Youtube* (2018)
[55] Vgl. *Capstigma* (2019)

Literaturverzeichnis

1   Büter, C. (2013), Außenhandel Grundlagen internationaler Handelsbeziehungen, 3. Aufl., Koblenz

2   Schenk, H./Schanz, S./Koch, M. (2018), Mikroökonomie, 1. Aufl., Studienbrief der SRH Fernhochschule, Riedlingen

3   Schenk, H./Schanz, S. (2014), Makroökonomie, 7. Aufl., Studienbrief der SRH Fernhochschule, Riedlingen

4   Straburzynski P. (2011), Die Zentralverwaltungswirtschaft - Das Modell, die Kritik und der Vergleich zur hiesigen sozialen Marktwirtschaft, o. A. A., Bad Wildbad

5   o.V., (o.J.), Absolute und komparative Kostenvorteile, https://www.rechnungswesen-verstehen.de/bwl-vwl/vwl/absolute-komparative-kostenvorteile.php, abgerufen am 23.04.2020

6   o.V., (o.J.), Argumente der Freihandels-Befürworter*innen, https://www.fdcl.org/wp-content/uploads/2017/12/Text-Pro_Contra-Freihandel.pdf, abgerufen am 23.04.2020

7   o.V., (o.J.), Freihandelsabkommen, https://www.rechnungswesen-verstehen.de/lexikon/freihandelsabkommen.php, abgerufen am 23.04.2020

8   o.V., (2020), Importquote http://www.wirtschaftslexikon24.com/d/importquote/importquote.htm, abgerufen am 25.04.2020

9   Ballestrem, K. (2001), Adam Smith, https://books.google.de/books?id=rTuGkoSI70IC&pg=PA212&lpg=PA212&dq=Ballestrem,+K.+(2001):+Adam+Smith&source=bl&ots=6K9BgDj98l&sig=ACfU3U1YMzgi27SFCPWUFspj2R2F93CTqw&hl=de&sa=X&ved=2ahUKEwiZusOk-YXpAhUrUBUIHZqvAJkQ6AEwA3oECA0QAQ#v=onepage&q=Ballestrem%2C%20K.%20(2001)%3A%20Adam%20Smith&f=false, abgerufen am 26.04.2020

10 o.V., (2020), Marktwirtschaft, http://www.wirtschaftslexikon24.com/d/marktwirtschaft/marktwirtschaft.htm, abgerufen am 26.04.2020

11 Mudrack, C. (2008), Die Anfänge der modernen Volkswirtschaft, https://books.google.de/books?id=BKT1YQZOMTwC&printsec=frontcover&hl =de#v=onepage&q&f=false, abgerufen am 26.04.2020

12 Renker, A. (2019), Infoblatt Zentralverwaltungswirtschaft, https://www.klett.de/alias/1005781, abgerufen am 27.04.2020

13 o.V., (2018), Kubas Wirtschaft, https://www.planet-wissen.de/kultur/inseln/naturparadies_kuba/pwiekubaswirtschaft100.html#Zwan g_zu_Reformen, abgerufen am 28.04.2020

14 Oschmiansky, F., (2020), https://www.bpb.de/politik/innenpolitik/arbeitsmarktpolitik/305618/arten-der-arbeitslosigkeit, abgerufen am 08.06.2020

15 Explanity, (2018), https://www.youtube.com/watch?v=B4XzALJqAoA, abgerufen am 14.06.2020

16 CS-Redaktion (2019), https://capstigma.de/2019/02/keynesianismus-oder-monetarismus/, abgerufen am 14.06.2020

17 o.V., (o.J.), https://wirtschaftslexikon.gabler.de/definition/dumping-32656, abgerufen am 14.06.2020

BEI GRIN MACHT SICH IHR WISSEN BEZAHLT

- Wir veröffentlichen Ihre Hausarbeit,
  Bachelor- und Masterarbeit

- Ihr eigenes eBook und Buch -
  weltweit in allen wichtigen Shops

- Verdienen Sie an jedem Verkauf

Jetzt bei www.GRIN.com hochladen und kostenlos publizieren